Trace and write the letters.

A is for **apple**.

B is for **balloon**.

C is for **cake**.

Aa Bb Cc Dd Ee Ff Gg Hh Ii Jj Kk Ll Mm Nn Oo Pp Qq Rr Ss Tt Uu Vv Ww Xx Yy Zz

Trace and write the letters.

D is for **duck**.

E is for **elephant**.

F is for **fish**.

Aa Bb Cc **Dd Ee Ff** Gg Hh Ii Jj Kk Ll Mm Nn Oo Pp Qq Rr Ss Tt Uu Vv Ww Xx Yy Zz

Trace and write the letters.

G is for **goat**.

H is for **horse**.

I is for **iguana**.

Aa Bb Cc Dd Ee Ff **Gg Hh Ii** Jj Kk Ll Mm Nn Oo Pp Qq Rr Ss Tt Uu Vv Ww Xx Yy Zz

Trace and write the letters.

J is for **jet**.

J J

j j

K is for **kite**.

K K

k k

L is for **lion**.

L L

l l

Aa Bb Cc Dd Ee Ff Gg Hh Ii **Jj Kk Ll** Mm Nn Oo Pp Qq Rr Ss Tt Uu Vv Ww Xx Yy Zz

Trace and write the letters.

M is for **moon**.

N is for **nest**.

O is for **octopus**.

Aa Bb Cc Dd Ee Ff Gg Hh Ii Jj Kk Ll **Mm Nn Oo** Pp Qq Rr Ss Tt Uu Vv Ww Xx Yy Zz

Trace and write the letters.

P is for **pie**.

P P

p p

Q is for **queen**.

Q Q

q q

R is for **rabbit**.

R R

r r

Aa Bb Cc Dd Ee Ff Gg Hh Ii Jj Kk Ll Mm Nn Oo **Pp Qq Rr** Ss Tt Uu Vv Ww Xx Yy Zz

Trace and write the letters.

S is for **sun**.

T is for **turtle**.

U is for **umbrella**.

Aa Bb Cc Dd Ee Ff Gg Hh Ii Jj Kk Ll Mm Nn Oo Pp Qq Rr **Ss Tt Uu** Vv Ww Xx Yy Zz

Trace and write the letters.

V is for **valentine**.

W is for **wagon**.

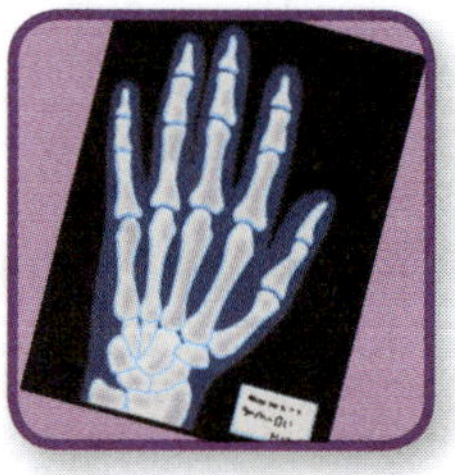

X is for **x-ray**.

Trace and write the letters.

Y is for **yo-yo**.

Z is for **zebra**.

Practice writing your name.

Aa Bb Cc Dd Ee Ff Gg Hh Ii Jj Kk Ll Mm Nn Oo Pp Qq Rr Ss Tt Uu Vv Ww Xx **Yy Zz**

A

Help Annie Alligator get to the water.
Follow the path of pictures that begin with **A**.

Write the letter **A** to finish the words that begin with **A**.

__pple

__nt

Aa Bb Cc Dd Ee Ff Gg Hh Ii Jj Kk Ll Mm Nn Oo Pp Qq Rr Ss Tt Uu Vv Ww Xx Yy Zz

a

Help Annie find all the **a**'s.
Color the apples that have the letter **a** on them.

How many did you find? _____

Aa Bb Cc Dd Ee Ff Gg Hh Ii Jj Kk Ll Mm Nn Oo Pp Qq Rr Ss Tt Uu Vv Ww Xx Yy Zz

B

Buffy Butterfly is following the path of pictures that begin with **B**.
Draw a line to show where Buffy will go.

Write the letter **B** to finish the words that begin with **B**.

at

all

Aa **Bb** Cc Dd Ee Ff Gg Hh Ii Jj Kk Ll Mm Nn Oo Pp Qq Rr Ss Tt Uu Vv Ww Xx Yy Zz

b

Help Big Bill get the boat to the dock.
Follow the path of pictures that begin with **b**.

Aa **Bb** Cc Dd Ee Ff Gg Hh Ii Jj Kk Ll Mm Nn Oo Pp Qq Rr Ss Tt Uu Vv Ww Xx Yy Zz

C

Crystal Castle has things in it that begin with **C**. Write the letter **C** under the pictures that begin with **C**.

Write the letter **C** to finish the words that begin with **C**.

at

oat

Aa Bb **Cc** Dd Ee Ff Gg Hh Ii Jj Kk Ll Mm Nn Oo Pp Qq Rr Ss Tt Uu Vv Ww Xx Yy Zz

C

Calvin Camel is looking for the oasis.
Follow the path of pictures that begin with **c** to help Calvin find it.

Aa Bb **Cc** Dd Ee Ff Gg Hh Ii Jj Kk Ll Mm Nn Oo Pp Qq Rr Ss Tt Uu Vv Ww Xx Yy Zz

D

Help Diggy Dog get to his doghouse.
Follow the path of pictures that begin with **D**.

Write the letter **D** to finish the words that begin with **D**.

uck

ad

Aa Bb Cc **Dd** Ee Ff Gg Hh Ii Jj Kk Ll Mm Nn Oo Pp Qq Rr Ss Tt Uu Vv Ww Xx Yy Zz

d

David Dinosaur is looking for things that begin with **d**. Write the letter **d** under the pictures that begin with **d** to see what David found.

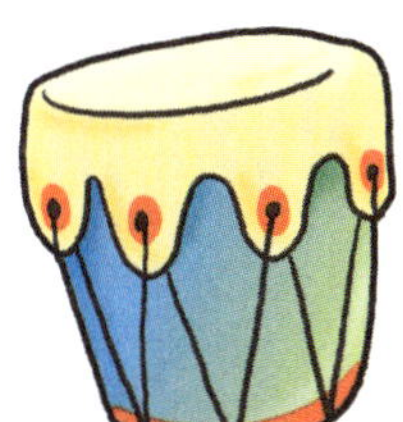

E

Elmer Elf is looking for eggs with the letter **E** on them. Color the eggs that have the letter **E** on them.

How many did you find? _____

Aa Bb Cc Dd **Ee** Ff Gg Hh Ii Jj Kk Ll Mm Nn Oo Pp Qq Rr Ss Tt Uu Vv Ww Xx Yy Zz

e

Ellie Elephant likes to eat peanuts.
Draw lines from the peanuts that have the letter **e** on them to Ellie.

How many did you find? _____

Aa Bb Cc Dd **Ee** Ff Gg Hh Ii Jj Kk Ll Mm Nn Oo Pp Qq Rr Ss Tt Uu Vv Ww Xx Yy Zz

F

Freddie Frog is hiding among the flowers.
Find and circle Freddie.
Then color the flowers that have the letter **F** on them.

How many did you find? _____

Write the letter **F** to finish the words that begin with **F**.

_ive _lowers

Aa Bb Cc Dd Ee **Ff** Gg Hh Ii Jj Kk Ll Mm Nn Oo Pp Qq Rr Ss Tt Uu Vv Ww Xx Yy Zz

f

Felix Fox collects flags.
Circle the flags that have pictures that begin with **f**.

How many did you find? ____

Color four flags.
Write the letter **f** to finish the words that begin with **f**.

__our __lags

Aa Bb Cc Dd Ee **Ff** Gg Hh Ii Jj Kk Ll Mm Nn Oo Pp Qq Rr Ss Tt Uu Vv Ww Xx Yy Zz

G

Giddy Goat is eating pictures of things that begin with **G**.
Help him find them by writing the letter **G** under the pictures that begin with **G**.

Write the letter **G** to finish the words that begin with **G**.

lass

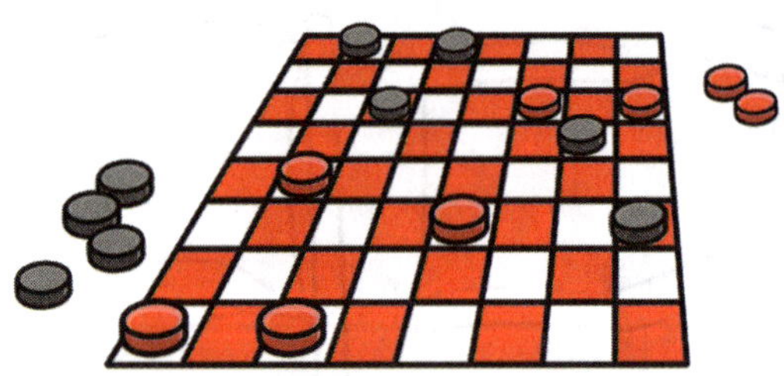

ame

Aa Bb Cc Dd Ee Ff **Gg** Hh Ii Jj Kk Ll Mm Nn Oo Pp Qq Rr Ss Tt Uu Vv Ww Xx Yy Zz

g

What does Gary have in his garden?
Find and circle the pictures that begin with **g**.

How many did you find? _____

Put a check mark on the thing in the garden that makes Gary grumpy.

Aa Bb Cc Dd Ee Ff **Gg** Hh Ii Jj Kk Ll Mm Nn Oo Pp Qq Rr Ss Tt Uu Vv Ww Xx Yy Zz

H

Help Happy Horse find things that begin with **H**.
Write the letter **H** under the pictures that begin with **H**.

Aa Bb Cc Dd Ee Ff Gg **Hh** Ii Jj Kk Ll Mm Nn Oo Pp Qq Rr Ss Tt Uu Vv Ww Xx Yy Zz

h

Holly Hippo is also looking for things that begin with **h**. Help her find them by writing the letter **h** under the pictures that begin with **h**.

I

Help Iggy Iguana get to his friend.
Follow the path of pictures that begin with **I**.

Write the letter **I** to finish the words that begin with **I**.

nch nsects

Aa Bb Cc Dd Ee Ff Gg Hh **Ii** Jj Kk Ll Mm Nn Oo Pp Qq Rr Ss Tt Uu Vv Ww Xx Yy Zz

i

Izzy Iguana has lost her way in the snow.
Follow the path of **i**'s to help Izzy get to the igloo.

i	s	i	i	i	i	l
i	z	i	o	l	i	x
i	i	i	j	i	i	l
l	j	n	c	i	f	j
w	u	j	t	i	i	i

Aa Bb Cc Dd Ee Ff Gg Hh **Ii** Jj Kk Ll Mm Nn Oo Pp Qq Rr Ss Tt Uu Vv Ww Xx Yy Zz

J

Jogger Jake is jogging to the pictures that begin with **J**. Draw a line to show where Jake will go.

Write the letter **J** to finish the words that begin with **J**.

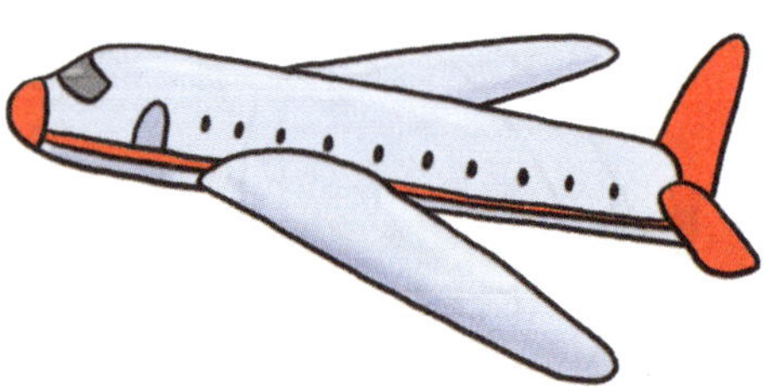

et

acket

Aa Bb Cc Dd Ee Ff Gg Hh Ii **Jj** Kk Ll Mm Nn Oo Pp Qq Rr Ss Tt Uu Vv Ww Xx Yy Zz

j

How many balls can Juggler Jack keep in the air?
Circle the balls that have pictures that begin with **j**.

How many did you find? _____

K

Help King Kongo find his kitten.
Follow the path of pictures that begin with **K**.

Write the letter **K** to finish the words that begin with **K**.

___iss ___iwi

Aa Bb Cc Dd Ee Ff Gg Hh Ii Jj **Kk** Ll Mm Nn Oo Pp Qq Rr Ss Tt Uu Vv Ww Xx Yy Zz

k

Help Katie Kangaroo get to Kelly Koala.
Follow the path of pictures that begin with **k**.

Aa Bb Cc Dd Ee Ff Gg Hh Ii Jj **Kk** Ll Mm Nn Oo Pp Qq Rr Ss Tt Uu Vv Ww Xx Yy Zz

L

Help Lazy Lion find things that begin with **L**.
Color the leaves that have pictures that begin with **L**.

How many did you find? _____

Write the letter **L** to finish the words that begin with **L**.

_adder

_etter

Aa Bb Cc Dd Ee Ff Gg Hh Ii Jj Kk **Ll** Mm Nn Oo Pp Qq Rr Ss Tt Uu Vv Ww Xx Yy Zz

Which pieces of Luke's laundry will be washed today? Write the letter l under the shirts that have pictures that begin with l. Then draw lines from those shirts to the washer.

Aa Bb Cc Dd Ee Ff Gg Hh Ii Jj Kk **Ll** Mm Nn Oo Pp Qq Rr Ss Tt Uu Vv Ww Xx Yy Zz

M

Help Marvin Moose find the rest of his money. Follow the trail of pictures that begin with **M**.

Write the letter **M** to finish the words that begin with **M**.

__uffin

__om

Aa Bb Cc Dd Ee Ff Gg Hh Ii Jj Kk Ll **Mm** Nn Oo Pp Qq Rr Ss Tt Uu Vv Ww Xx Yy Zz

m

Help Monster Mac find things that begin with **m**.
Draw lines from the pictures that begin with **m** to Mac.

How many did you find? _____
Color Monster Mac.

Aa Bb Cc Dd Ee Ff Gg Hh Ii Jj Kk Ll **Mm** Nn Oo Pp Qq Rr Ss Tt Uu Vv Ww Xx Yy Zz

N

Nurse Nellie is looking for things that begin with **N**.
Help her by circling the pictures that begin with **N**.

necklace

nest

nine

net

Write the letter **N** to finish the words that begin with **N**.

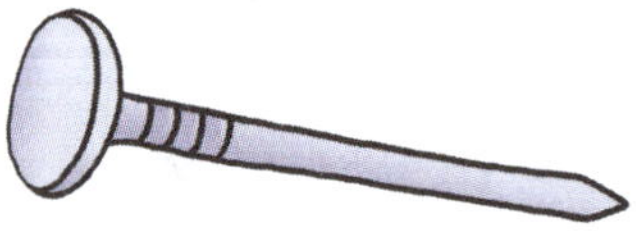

_uts   _ail

Aa Bb Cc Dd Ee Ff Gg Hh Ii Jj Kk Ll Mm **Nn** Oo Pp Qq Rr Ss Tt Uu Vv Ww Xx Yy Zz

n

Help Nice Ned get the newspaper.
Follow the trail of nickels.

How many nickels are there? _____

Color nine nickels.
Write the letter **n** to finish the words that begin with **n**.

___ine ___ickels

Aa Bb Cc Dd Ee Ff Gg Hh Ii Jj Kk Ll Mm **Nn** Oo Pp Qq Rr Ss Tt Uu Vv Ww Xx Yy Zz

O

Help Owl, Otter, and Ostrich get home.
Draw paths to get the animals home.

Aa Bb Cc Dd Ee Ff Gg Hh Ii Jj Kk Ll Mm Nn Oo Pp Qq Rr Ss Tt Uu Vv Ww Xx Yy Zz

O

Ollie Octopus wants to know which things begin with **o**. Write the letter **o** under the pictures that begin with **o**.

Write the letter **o** to finish the words that begin with **o**.

x

tter

Aa Bb Cc Dd Ee Ff Gg Hh Ii Jj Kk Ll Mm Nn **Oo** Pp Qq Rr Ss Tt Uu Vv Ww Xx Yy Zz

P

Polly Penguin is in a parade.
Circle all the pictures that begin with **P**.

How many did you find? _____

Write the letter **P** to finish the words that begin with **P**.

ear

izza

p

Help Peter get to his pool party.
Follow the path of pictures that begin with **p**.

Aa Bb Cc Dd Ee Ff Gg Hh Ii Jj Kk Ll Mm Nn Oo **Pp** Qq Rr Ss Tt Uu Vv Ww Xx Yy Zz

Q

Queen **Q** is making a quilt.
Help her by tracing all the **Q**'s you can find.

How many did you find? _____

Circle the quarter Queen **Q** lost.

Write the letter **Q** to finish the words that begin with **Q**.

ueen

uarter

Aa Bb Cc Dd Ee Ff Gg Hh Ii Jj Kk Ll Mm Nn Oo Pp **Qq** Rr Ss Tt Uu Vv Ww Xx Yy Zz

q

Help Quaint Queen feed the quails.
Follow the path of **q**'s.

q	q	q	q	q	q	q
a	p	d	a	p	d	q
q	q	q	q	q	q	q
q	p	a	p	d	a	p
q	q	q	q	p	p	p

Write the letter **q** to finish the words that begin with **q**.

uiet

uestion

R

Help Rachel Rabbit put away things that begin with **R**.
Draw lines to show where the things go.

Write the letter **R** to finish the words that begin with **R**.

_obot

_ose

Aa Bb Cc Dd Ee Ff Gg Hh Ii Jj Kk Ll Mm Nn Oo Pp Qq **Rr** Ss Tt Uu Vv Ww Xx Yy Zz

r

Rocket Rob needs your help for liftoff.
His rocket is fueled by words that begin with **r**.
Write the letter **r** under the pictures that begin with **r** to help the rocket launch.

S

Sophia Skunk sells scents.
Many of her customers have names that begin with **S**.
Write the letter **S** under the pictures that begin with **S**.

Aa Bb Cc Dd Ee Ff Gg Hh Ii Jj Kk Ll Mm Nn Oo Pp Qq Rr **Ss** Tt Uu Vv Ww Xx Yy Zz

S

Help Sammy Seal match pictures that begin with **s**.
Draw lines between the pictures that go together.

Write the letter **s** to finish the words that begin with **s**.

__ix

__led

Aa Bb Cc Dd Ee Ff Gg Hh Ii Jj Kk Ll Mm Nn Oo Pp Qq Rr **Ss** Tt Uu Vv Ww Xx Yy Zz

T

Tammy Turtle is looking for things that begin with **T**.
Help her by circling the pictures that begin with **T**.

How many did you find? _____

Write the letter **T** to finish the words that begin with **T**.

eacher

wo

Aa Bb Cc Dd Ee Ff Gg Hh Ii Jj Kk Ll Mm Nn Oo Pp Qq Rr Ss **Tt** Uu Vv Ww Xx Yy Zz

t

Tommy Turkey and Tina Turtle are in a race.
The winner is the animal that finds the most pictures that begin with **t**.

Circle the pictures that begin with **t**.

Then circle the winner of the race.

Aa Bb Cc Dd Ee Ff Gg Hh Ii Jj Kk Ll Mm Nn Oo Pp Qq Rr Ss **Tt** Uu Vv Ww Xx Yy Zz

U

Help Ulmer Umpire by circling the balls that have the letter **u** on them.

How many did you find? _____

Write the letter **U** to finish the words that begin with **U**.

___mbrella

___p

Aa Bb Cc Dd Ee Ff Gg Hh Ii Jj Kk Ll Mm Nn Oo Pp Qq Rr Ss Tt **Uu** Vv Ww Xx Yy Zz

u

Uncle Uno is under an umbrella.
Circle the **u**'s.

How many did you find? _____

Write the letter **u** to finish the words that begin with **u**.

____ s

____ nderwear

V

Vicky Vulture is looking for things that begin with **V**. Help her by circling the pictures that begin with **V**.

van

vest

valentine

violin

vacuum

Aa Bb Cc Dd Ee Ff Gg Hh Ii Jj Kk Ll Mm Nn Oo Pp Qq Rr Ss Tt Uu **Vv** Ww Xx Yy Zz

V

Help Vinnie fill his van with things that begin with **v**. Draw lines from the pictures that begin with **v** to Vinnie's van.

How many did you find? _____

Aa Bb Cc Dd Ee Ff Gg Hh Ii Jj Kk Ll Mm Nn Oo Pp Qq Rr Ss Tt Uu **Vv** Ww Xx Yy Zz

W

Help Wally Walrus fill his wagon with things that begin with **W**.

Draw lines from the pictures that begin with **W** to Wally's wagon.

How many did you find? _____

Write the letter **W** to finish the words that begin with **W**.

olf

eb

Aa Bb Cc Dd Ee Ff Gg Hh Ii Jj Kk Ll Mm Nn Oo Pp Qq Rr Ss Tt Uu Vv **Ww** Xx Yy Zz

W

Willie Worm wants to find things that begin with **w**.
Circle the pictures that begin with **w**.

How many did you find? _____
Color the watermelons.

X

Circle all the **X**'s you can find in the picture.

How many did you find? ____

Aa Bb Cc Dd Ee Ff Gg Hh Ii Jj Kk Ll Mm Nn Oo Pp Qq Rr Ss Tt Uu Vv Ww **Xx** Yy Zz

X

X marks the spot on an old treasure map.
Follow the path of **x**'s to find the treasure.

		↓					
v	s	x	v	x	x	x	x
x	x	x	y	x	y	y	x
x	w	v	h	x	l	x	x
x	x	x	x	x	v	x	u
q	u	w	j	n	s	x	r

Aa Bb Cc Dd Ee Ff Gg Hh Ii Jj Kk Ll Mm Nn Oo Pp Qq Rr Ss Tt Uu Vv Ww **Xx** Yy Zz

Y

Yuppy Yak has a yard full of yarn.
Circle the balls of yarn that have the letter **Y** on them.

How many did you find? _____

Write the letter **Y** to finish the words that begin with **Y**.

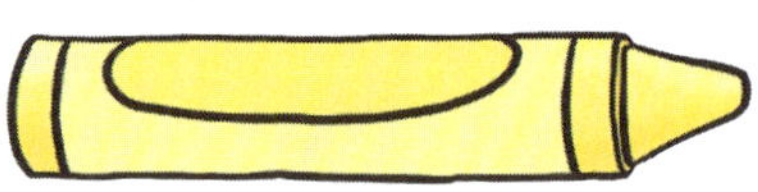

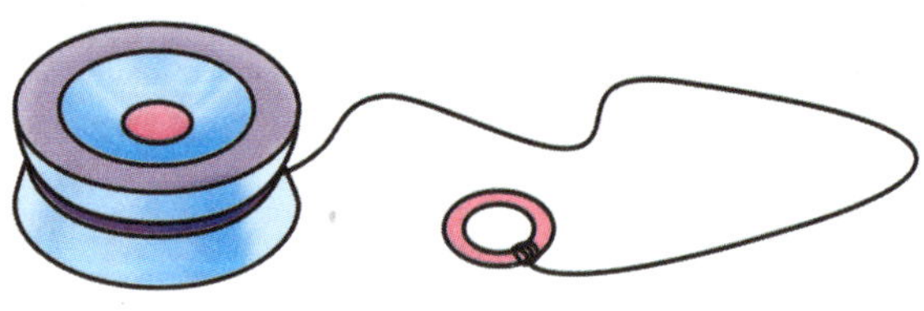

_ellow

_o-yo

Aa Bb Cc Dd Ee Ff Gg Hh Ii Jj Kk Ll Mm Nn Oo Pp Qq Rr Ss Tt Uu Vv Ww Xx **Yy** Zz

y

Yasmin Yak wants to share these games that use the letter **y**.

Draw a line through all the **y**'s to get to the finish.

v	s	y	i	y	y	y
y	y	y	e	y	e	y
y	w	a	y	y	u	y
y	y	y	y	x	v	y
q	u	w	j	n	s	y

Finish

Draw a line through the letter **y** and the pictures that begin with **y**.

v		
x	y	x

y		w
	y	
v		z

Z

Zippy Zebra lives in the zoo.
Follow the path of **Z**'s to help Zippy get to the zoo.

Write the letter **Z** to finish the words that begin with **Z**.

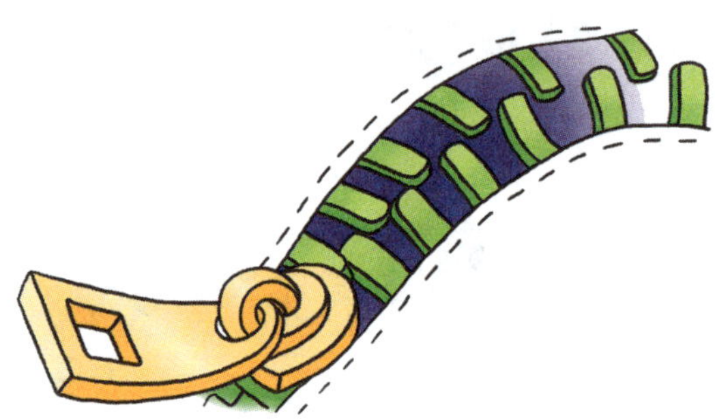

ero

ipper

Z

Help Zippy Zebra find her zebra friends at the zoo. Circle all the zebras you can find in the picture.

How many did you find? _____

Aa Bb Cc Dd Ee Ff Gg Hh Ii Jj Kk Ll Mm Nn Oo Pp Qq Rr Ss Tt Uu Vv Ww Xx Yy Zz

Find and circle the hidden **a**, **b**, **c**, **d**, **e**, **f**, **g**, **h**, and **i** pictures.

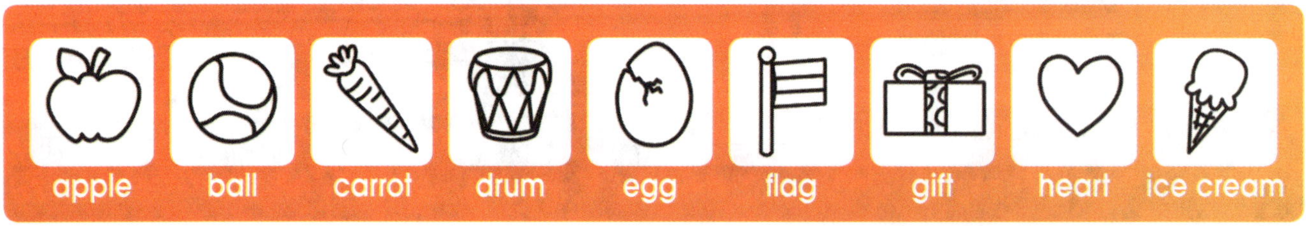

Find and circle the hidden **j**, **k**, **l**, **m**, **n**, **o**, **p**, **q**, and **r** pictures.

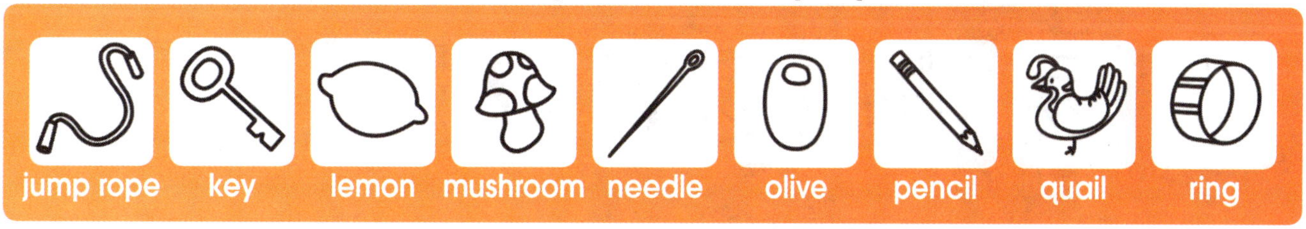

Find and circle the hidden **s**, **t**, **u**, **v**, **w**, **x**, **y**, and **z** pictures.